NOUVELLE
ORGANISATION POLITIQUE

ET PLAN D'UNE

NOUVELLE CONSTITUTION

RÉPUBLICAINE, DEMOCRATIQUE.

PAR

LE CITOYEN DELAURIER.

—

Prix : 30 c.

—

PARIS,

CHEZ L'ÉDITEUR, 4, RUE DES VIEUX-AUGUSTINS,

S'ADRESSER AU CAFÉ.

1848

NOUVELLE

ORGANISATION POLITIQUE

ET PLAN D'UNE NOUVELLE CONSTITUTION RÉPUBLICAINE.

Les plus incrédules ont vu que le peuple quand il veut balaie les rois et leurs flatteurs, comme une poussière est emportée par le vent du nord ; mais malheureusement, faute d'union, on a avorté longtemps dans les tentatives de révolution, et que de malheurs alors ont eu à redouter ces courageux vaincus qui levaient les premiers l'étendard de la liberté et de la justice ; c'est pourquoi il faut établir une République démocratique solide, et surtout trouver les moyens de la conserver.

Quoique moi-même j'aie cru à l'insuccès de cette dernière Révolution, par la puissance qu'a un gouvernement organisé, néanmoins j'ai toujours cru et je crois encore bien davantage qu'il est plus facile d'établir un gouvernement populaire que de le conserver ; c'est pourquoi j'ai pensé à soumettre actuellement à la discussion mes recherches à ce sujet. Puisque ce gouvernement est le seul juste et de droit, tâchons d'en organiser le mécanisme de manière à ce qu'il puisse avoir une durée infinie.

Nos ennemis voudraient nous voir divisés. Je vous en prie, citoyens, soyons unis ; c'est un jeune républicain de la veille qui vous en prie : c'est la division qui a ruiné l'ancienne République, c'est la division seule qui peut nous vaincre ; mais pour que cela ne puisse avoir lieu, ne laissons pas agir nos ennemis, punissons les calomniateurs, quels qu'ils soient, pour qu'ils ne puissent plus semer entre nous le poison de la discorde.

Un journal, formé par d'anciens philippistes et légitimistes, se dit ami du *National* et ennemi de la *Réforme*, pour que les partisans de la *Réforme* se mettent en désaccord de plus en plus avec ceux du *National* ; ne nous laissons pas tromper par ces grossières ruses : chacun de nous a des torts, expions-les en servant la République de notre mieux ; punissons sévèrement tous ceux qui veulent commencer à mettre le désaccord, pour ne pas être obligés d'employer le fusil ou la guillotine plus tard.

Etre trop exclusif, vouloir trop ce qui est bien et juste, ne pas tenir compte des faiblesses humaines et de l'ignorance politique où le peuple a été plongé par calcul, ne vaut rien pour gouverner ; il faut, quand on a des principes justes, toujours tendre à les faire triompher ; mais traiter en ennemis tous ceux qui ne pensent pas juste, n'est pas politique. Tâchons de convaincre la majorité, si elle se trompe, plutôt que de vouloir la forcer à penser juste.

Je propose d'abord le suffrage universel comme un moyen d'établir un gouvernement émanant de la majorité réelle de la Nation.

Un représentant du peuple pour 40,000 âmes est très-bien, selon moi ; je l'adopte dans mon projet, comme a fait le gouvernement provisoire.

Le vote par scrutin de liste n'est pas convenable quand il y a beaucoup de députés à nommer surtout. (Nous en avons une preuve dans ce qui se passe actuellement. Beaucoup de personnes ont voté pour le citoyen Schmit, le croyant ouvrier, et maintenant ces citoyens réclament, sachant que c'était un employé d'un ministère. Il est vrai que la brochure : *Du pain, du travail et la vérité* ne dit pas positivement que l'employé Schmit est ouvrier, mais elle le donne fortement à penser. Ainsi, elle commence ainsi : « Ouvriers, mes chers Camarades, Fils d'ouvrier, longtemps ouvrier moi-même.... » Et plus loin : « Mes amis, vous ne sauriez me supposer aucun intérêt à vous tromper, puisque je ne suis ni commerçant, ni fabricant, ni entrepreneur, ni chef d'atelier. »

On prétend que le citoyen Schmit a fait imprimer des masses de listes sur lesquelles son nom était inscrit avec la qualification usurpée d'ouvrier ; je ne sais si cela est, mais cela ne me paraîtrait pas impossible, par la raison que le citoyen en question a fait distribuer gratis peut-être plus de deux cent mille exemplaires de l'ouvrage dont je viens de parler. Quand on a le moyen d'avancer autant sur les 25 fr. par jour en perspective on peut bien faire imprimer des listes, mais on ne se vante pas autant du grand nombre d'exemplaires imprimés à ses frais.)

Ainsi, dans le département de la Seine , 34 représentants ne sont pas trop, puisque cela est en rapport de la population ; mais plus on aura de représentants à inscrire sur sa liste, moins bien cette liste sera faite, surtout pour ceux qui ne s'occupent pas habituellement de politique. C'est pourquoi il faut adopter le système le plus naturel, c'est-à-dire de diviser la France en autant de petites portions qu'il y a de représentants à nommer. De cette manière l'intérêt de chaque portion de la France sera mieux représenté, les intérêts locaux seront moins oubliés.

Si on veut que l'intérêt général soit plus puissant, on pourra voter par scrutin de liste, mais on ne mettra que 3 ou 4 noms sur sa liste ; le département le moins peuplé devant élire 3 députés.

Le département de la Seine, qui a 34 députés à élire, serait divisé en onze sections ; chaque section nommerait 3 députés, et la section la plus peuplée en nommerait 4.

Les départements qui ont à élire 5 députés formeraient une section et une partie de section qui s'unirait à un département limitrophe qui aurait un nombre incomplet de représentants à nommer.

On formerait les sections autant que possible du nombre de 120,000 âmes.

Ainsi, à la Chambre, comme je l'entends, on ne verrait pas de représentants qui auraient 259,000 voix et d'autres seulement 2,000. Il est vrai que ceux qui ont un si grand nombre de voix sont nommés par des citoyens dont le vote a dix ou onze fois moins de valeur que celui d'autres citoyens, puisqu'ils votent chacun pour dix ou onze fois plus de candidats comme ils sont dix ou onze fois plus de citoyens pour les nommer. Aussi c'est loin d'être un privilége que de voter chacun pour tant de représentants, puisqu'il est bien plus difficile de les connaître, de les juger, etc.

Je crois qu'il serait bon que les candidats à la représentation ne se présentent que dans un collége électoral, pour ne pas être obligé de recommencer indéfiniment les élections, et qu'il faut que les candidats se présentent ou soient présentés dix jours au moins avant le vote, pour que l'on puisse les discuter aux clubs et prendre des renseignements sur eux.

Avec tant de représentants à mettre sur sa liste, on ne peut les discuter sérieusement ni les bien connaître, et des esprits très-médiocres, et même des gens sans principes , peuvent arriver à la Chambre par hasard, parce qu'on se sera trompé sur leur compte , et parce qu'ils n'auront pas été calomniés comme d'autres citoyens leur étant bien supérieurs.

Pour que l'élection des représentants par le peuple ne rencontre pas d'obstacles chez le pauvre, par le chemin à faire et le temps à perdre, il faudra que les jours d'élection les places dans les voitures publiques et chemins de fer ne coûtent rien pour aller et revenir, et même que le temps dépensé soit payé comme si on travaillait.

L'âge des électeurs serait 21 ans.

Tous les citoyens Français ou francisés auraient le droit d'être électeurs, qu'ils aient un domicile ou plusieurs, ils voteraient où cela leur conviendrait, pourvu qu'il n'y ait aucune fraude.

Le candidat n'a pas besoin d'être domicilié dans le collége où il se présente.

Ceux qui auraient votés double ou davantage, ceux qui auraient corrompu ou falsifié les élections, seraient punis très-rigoureusement comme des tyrans qui veulent usurper le pouvoir des autres.

Tout magistrat, tout chef quelconque d'administration, d'armée, d'ateliers, etc., sera puni d'une peine très-sévère s'il les force à voter et encore plus sévère s'il les force à voter comme lui. Je dis cela parce qu'à ma connaissance des maires, des curés ont forcé leurs administrés et paroissiens à voter comme eux.

En faisant voter tout le monde à la fois il y a bien moins de fraude possible; si on votait tous aux chefs-lieux il y aurait trop de monde et de confusion. Il ne faut donc pas voter au chef-lieu, pour ne pas que les élections durent trop longtemps et qu'il y ait de tumulte; mais il ne faut pas trop diviser les endroits de vote, pour qu'il n'y ait pas trop peu de sûreté dans la sincérité des élections.

Pour ceux qui ont subi des peines infamantes, le décret du gouvernment provisoire est très-juste.

Les décrets du gouvernement provisoire sur les élections sont très-bien, selon moi, à l'exception du scrutin de liste et de la liberté que l'on a laissée aux candidats de se présenter dans plusieurs départements, j'ai dit pourquoi je critique ces mesures.

Il faudrait, pour que le pouvoir exécutif ne puisse s'emparer du pouvoir, que la représentation nationale soit toujours en permanence; il y aurait des députés supplémentaires pour pouvoir donner un mois de vacance par an à chaque représentant. Dans le temps de vacance, qu'ils le prennent ou non, ils ne seraient pas payés pour pouvoir donner quelque chose au supplémentaire.

Chaque représentant devra être élu pour deux ans ; pendant les élections ce seraient les députés supplémentaires qui resteraient à la Chambre pour conserver le pouvoir souverain ; ils ne discuteraient qu'en cas d'urgence, si le pouvoir exécutif devenait oppresseur.

L'âge et les conditions pour être représentant du peuple serait de même que ce que le gouvernement provisoire a décrétée.

L'armée voterais aussi dans mon système comme elle l'a fait dernièrement.

L'Assemblée nationale ferait les lois sans avoir besoin d'aucune sanction, les lois d'impôts comme toutes les autres.

Chaque citoyen devra avoir le droit de présenter des pétitions ou projets de lois par parole ou par écrit, pourvu qu'il soit seul et sans arme.

La chambre des représentants devra avoir seule le droit de juger les actes du président du ministère et des ministres, et de les châtier s'ils sont coupables.

Tous les autres fonctionnaires doivent être jugés par les tribunaux ordinaires.

Les représentants du peuple accusés de crimes ne pourront être jugés qu'avec l'autorisation de la majorité de la chambre et devront être jugés par les tribunaux ordinaires de la même manière que tous les autres citoyens.

L'inviolabilité des représentants du peuple pourrait bien être utile, mais je crains que cette fiction ne serve à rien, car le parti le plus fort pourra bien chercher à faire une loi contre l'inviolabilité du représentant pour pouvoir atteindre un ennemi.

Cependant comme cela seul pourrait peut-être arrêter les partis dans une voie funeste, il faut peut-être discuter l'inviolabilité ; mais il faut considérer aussi qu'à la chambre il pourra exister des calomniateurs alors que si les représentants sont inviolables on ne pourrait peut-être arrêter la division des membres de l'Assemblée et alors la prévoyance que l'on aurait pourrait ne servir qu'à faire éclater davantage la division. Je crois donc qu'il ne faut pas de cette fiction de l'inviolabilité pour personne.

Le président de l'Assemblée nationale devra avoir le droit de faire grâce et de commuer les peines. Mais il ne sera pas plus inviolable que les autres représentants.

La peine de la confiscation des biens volés pourra être rétablie au profit de l'Etat.

Pour qu'il n'y ait pas de fraudes dans les élections, il faudrait que chacun mette ou fasse mettre son nom derrière son bulletin de vote; tout bulletin dont le nom du votant ne serait pas derrière ne serait pas accepté, mais pour que l'on ne puisse savoir qui a fait tel bulletin , chaque signature sauf la première lettre serait recouverte d'une petite bande de papier que l'on collera dessus sans ouvrir le bulletin. Les bulletins des votants seraient conservés plusieurs mois par séries comme ils ont été déposés dans les urnes.

Chaque citoyen aurait le droit de revenir chercher son bulletin pour voir s'il n'y a rien de changé dessus.

Les bulletins seraient repliés, cachetés et les noms découverts par d'autres personnes.

Ceux qui malgré ces précautions indiqueraient le vote de tel ou tel citoyens seraient punis sévèrement.

Dans chaque département j'avais pensé à faire nommer un député par chaque dixaine de mille d'électeurs, et l'excédant des dixaines de mille de ces citoyens aurait été réparti entre chaque dixaine de mille, mais ce que le gouvernement provisoire a fait adopter est plus simple, plus facile et plus juste.

La Représentation nationale devra se nommer un président pour que l'ordre existe et des vice-présidents pour le remplacer au fauteuil quand il ne pourra présider ; il y aura un règlement comme dans toutes les assemblées délibérantes.

Les représentants du peuple devront être déclarés inviolables pour leurs opinions politiques tout le temps de la durée de leur mandat législatif ; personne, pas même l'Assemblée nationale, n'aura le droit de les juger. Mais pour les actes, pour les calomnies, ils ne seront pas plus exempts que les autres, si quelques-uns d'entre eux trahissaient la patrie, sans l'arrêter, on le surveillerait de près. L'Assemblée nationale voterait la convocation du collége qui l'a élu et devra faire développer l'acte d'accusation devant ce collége assemblé, pour savoir s'il est absous ou renié. Si le collége électoral absout son représentant et le renvoie à la chambre la preuve du crime étant palpable, on ferait une enquête pour savoir s'il n'y a pas rebellion contre l'Etat.

Si le collége reniait son député, il serait de suite poursuivi par la justice nationale.

Le président de l'Assemblée nationale serait le vrai président de la République, mais il n'aurait pas plus de puissance pour cela.

Il serait choisi dans les représentants du peuple et par eux ; il présiderait le temps de la session, c'est-à-dire deux ans.

Comme il n'exécute rien, il doit être inviolable comme les représentants et aussi loin qu'eux.

Le président de la chambre ne doit pas voter, il doit être censé un juge ; on choisirait autant que possible un homme grave et partisan de l'union, de la fraternité.

Le président de l'Assemblée nationale devra avoir 500 mille francs par an, pour pouvoir représenter un peu.

L'Assemblée nationale doit choisir aussi dans son sein un président du ministère, sans portefeuille, le chef responsable du pouvoir exécutif en un mot. Ce dernier doit n'avoir que 100 mille francs de pension par an pour faire comprendre qu'il est au-dessous du président de l'Assemblée, et comme c'est un fonctionnaire public, le collége qui l'a élu doit le remplacer par un autre député ; de même que les députés qui accepteront une place seront naturellement déchus de la représentation nationale, par la raison qu'ils ne peuvent être bons fonctionnaires public et rester à la chambre des représentants.

Ils pourront encore accepter, mais pour s'assurer une position, s'ils ne sont pas riches, d'autres auraient le travail et les appointements de ces places en attendant.

Les ministres n'auraient pas besoin d'être pris dans les députés, ils seraient élus comme tous les autres fonctionnaires à l'élection et au choix du président du ministère.

Les ministres devront venir rendre compte à l'Assemblée nationale des actes du pouvoir exécutif quand elle trouvera opportun de le demander, c'est-à-dire quand le chef du pouvoir exécutif n'aura pu donner assez de détails ou que ses explications seront peu satisfaisantes. Mais ce sera le chef du ministère surtout qui devra rendre compte de ses actions ; ce serait le premier de tous les fonctionnaires, il est vrai, mais aussi le plus responsable.

Le président du ministère étant l'employé du gouvernement du peuple, dans mon système politique, ne devra pas se refuser à donner des explications à l'Assemblée nationale sans s'exposer à être mis en accusation.

Cependant si on a besoin d'avoir le secret, ceux qui ont demandé publiquement des explications aux ministres ou à leur président formeront un comité secret dans lequel ministres ou président du ministère devront s'expliquer, et si on est satisfait on le dira à l'Assemblée nationale. Si le secret était violé avant le temps convenable à la publicité, on saurait à qui s'en prendre.

Le pouvoir exécutif du président du ministère n'aura pas de temps limité, il restera tant qu'il aura la faveur de la majorité de l'Assemblée nationale qui représente à peu près la majorité réelle du pays, quand il n'y a pas de fraude. Ainsi ce sera à lui de se conformer aux vœux du pays s'il veut rester au pouvoir, car la nation est maîtresse souveraine de ses actes et peut agir suivant son bon plaisir. Comme l'Assemblée est formée d'une grande quantité d'hommes capables, il est probable qu'elle ne fera pas de sottises ou que si elle en fait, une autre saura les réparer.

Le chef ou président du ministère sans portefeuille peut déclarer la guerre, faire des traités de paix, de commerce, mais s'il n'y a aucun inconvénient à décider ces actes de concert avec les représentants du peuple, ce sera plus sage de sa part, car il ne serait plus responsable puisque cela aurait été fait par la majorité.

Il aura droit aussi de nommer à tous les emplois au-dessous de lui, mais il devra se conformer à certaines règles et ne choisir que dans les candidats capables et élus qui lui seront présentés.

Les représentants du peuple pouvant être choisis parmi des gens sans fortune, doivent être soldés; mais 15 francs par jour me paraît assez, comme les voyages nécessaires pour la politique ou pour se rendre à son poste et s'en retourner coûtent d'autant plus que l'on est plus loin de Paris, l'égalité exige qu'ils soient gratuits pour le représentant du peuple et pour sa famille s'il en a et s'il veut l'amener.

Je ne mets qu'un chef pour le pouvoir exécutif; c'est qu'il faut rendre l'exécution aussi prompte que possible, il ne faut pas de désaccord, il faut plutôt se tromper une fois par hasard que de discuter au moment d'agir; il faut un homme d'action (pour le pouvoir exécutif.

Pour faire les lois il faut s'éclairer, discuter, mais pour les faire observer il faut une volonté, une seule.

Il ne sert à rien actuellement, je pense, de dire qu'il ne faut pas plus de chambre des pairs que de royauté, chacun sachant bien qu'elle n'était guère utile qu'à elle-même et à la royauté.

Pour que le pouvoir exécutif ne puisse pas abuser de son pouvoir comme l'ont fait jusqu'à présent tous les pouvoirs exécutifs, il ne faut pas lui laisser complétement le droit excessif, illégal et dangereux pour la liberté de nommer tous ses employés! voici comment les places se donneraient dans les administrations du gouvernement; prenons pour exemple l'armée, qui est l'exemple le plus facile à saisir :

On admet dans l'armée tous les hommes qui veulent y entrer et qui ont les qualités convenables pour cela; le simple soldat aura le droit de nommer trois candidats pour un caporal; le ministre de la guerre choisira dans ces trois candidats celui qui lui conviendra le mieux; l'ancienneté de service n'aura de valeur pour vous faire passer sans choix que quand le candidat de cette catégorie a été présenté au moins trois fois par ses camarades.

Les caporaux nommeront à leur tour trois candidats, quand une place de sergent viendra à être vacante, et ainsi de suite jusqu'aux plus hauts grades; pour les grades de capitaines et plus élevés il faudra la signature du président du ministère.

Cette manière de donner des emplois sera pour toutes les administrations possibles dépendantes du gouvernement.

Les jeunes gens instruits sortant des écoles militaires n'auront que le même titre de simple soldat en entrant au corps, mais si les autres le trouvent capable d'être à leur tête, il sera élu plus facilement que les autres, d'autant plus qu'il faudra d'autant plus d'instruction que l'on sera dans un grade plus élevé. Ainsi pour entrer soldat on n'a besoin de rien savoir; pour être caporal il faut savoir un peu; pour être sergent encore un peu plus, et ainsi de suite jusqu'aux plus hauts grades.

Il y aurait des écoles gratuites dans l'armée, pour que chacun puisse parvenir avec de la volonté.

Celui qui ne sait rien et qui veut parvenir au plus haut grade le pourrait (dans mon système) s'il a les capacités convenables et s'il sait se faire aimer à la fois de ses camarades et de ses chefs.

Voilà je crois la véritable égalité; ici je n'emploie même pas le privilége du savoir, qui doit servir, mais jusqu'à un certain point seulement, et ne doit pas dépasser les principes d'égalité et de justice qui doivent être au-dessus de tout.

Pour le ministre de l'instruction publique, on recevra d'abord ceux qui ont les connaissances indispensables pour les derniers rangs de la hiérarchie, on les recevrait par rangs des dates de leur inscription; pour passer professeur plus haut placé, il faudrait avoir étudié un peu plus et être reçu. Pour un professeur à nommer au-dessus du dernier rang, les professeurs du dernier étage présenteraient trois candidats dans leurs confrères assez instruits, le ministre ou le présiden du ministère choisira dans ceux présentés, et ainsi de suite jusqu'aux plus hauts grades de l'université.

A propos de l'instruction publique, il serait bon que les jeunes citoyens qui se destinent à l'industrie, à l'agriculture, aux beaux-arts, à la marine, au commerce, ou à la guerre, ou même encore à certaines sciences spéciales, n'aient pas besoin de perdre leur temps à étudier Homère et Sophocle, Virgile et Térence, etc. Les langues mortes ne servent plus beaucoup, pourquoi encore s'exagérer leur importance et vouloir qu'on les apprenne pour ne jamais les employer. Lesphysiciens, les chimistes et même les médecins si haut placés dans la science, n'en ont jamais besoin et en supposant qu'ils veulent étudier quelques œuvres antiques, elles sont traduites mille fois pour une.

Le temps des citoyens est précieux, ne le gaspillons pas.

Si vous voulez vous rapprocher des peuples étrangers, étudiez leurs langues ou cherchez à ce que tous les peuples étudient une langue semblable pour que tous les peuples de la terre puissent se comprendre.

Il y a aussi une grande réforme à faire dans l'instruction publique, ainsi certains professeurs ont 10 et même 12 places soldées, tandis que tant d'hommes capables ne peuvent parvenir à avoir la plus petite position sociale, et si un de ces derniers vient à mettre le pied dans une position il veut en acquérir d'autres par le mauvais exemple qui lui a été donné et pour se récompenser du temps qu'il a perdu à solliciter.

Par ces cumuls il y a des gens sans pain, il y en a d'autres qui perdent tout leur temps à chercher à se caser, il y en a d'autres qui sont en places qui sont très-capables, qui feraient avancer la science avec succès, s'ils avaient le temps; mais non, la soif d'acquérir ou plutôt la facilité d'acquérir injustement, les pousse à ne rien laisser à d'autres qui auraient aussi fait de grandes choses, alors au lieu de l'émulation scientifique ou autre; au lieu du spectacle splendide des hommes marchant au progrès, on n'a que cette basse, sale et sordide émulation de l'égoïsme; parce que le pouvoir égoïste donnait et propageait ce funeste exemple dans son intérêt à lui.

L'Académie des sciences ne me paraît pas composée comme elle devrait être; elle me paraît être une coterie de privilégiés.

C'est une coterie, puisque les membres de l'Académie nomment eux-mêmes les membres qui doivent s'adjoindre à eux; il en est de même des autres Académies, aussi une foule d'atrues considérations que celles de la science , de la littérature et des beaux-arts vous fait-elle entrer à l'Institut. On sait qu'il suffit souvent d'être parent ou ami d'un académicien pour le devenir, quelquefois on donne ce titre par flatterie à ceux qui ne le méritent pas ; ainsi Napoléon qui n'avait jamais présenté de mémoire à l'Académie des sciences a-t-il été nommé membre de l'académie des sciences.

Presque tous les membres de l'Académie ont une foule de places et ne peuvent faire aucuns rapports sur les travaux des amis de la science, ils se donnent quelquefois la peine d'en faire pour leurs grands amis ou leurs parents, et encore le rapport est-il rédigé quelquefois par celui même qui a présenté le mémoire à l'Institut, aussi on doit penser quelle impartialité on peut avoir de faire un rapport sur ce que l'on croit avoir découvert ou inventé soi-même.

De plus si on n'a pas l'habitude du langage scientifique ou l'habitude des formules mathématiques, de suite vous êtes exclu, quelques bonnes idées que vous puissiez avoir pour le progrès de la science.

Les élections des membres de l'Académie devraient se faire par deux ou trois séries de hauts professeurs et de savants libres, reconnus tels par leurs travaux.

Les membres des Académies ne pourraient choisir que dans les trois candidats présentés par place vacante.

Au lieu de la Société d'encouragement (que l'on pourrait nommer à plus juste titre la Société de découragement pour l'industrie nationale les membres ne faisant presque jamais de rapports, étant presque tous des industriels déjà trop occupés chez eux) , on aurait une Académie d'encouragement pour l'agriculture et l'industrie. Les fonds de la Société d'encouragements seraient versés dans la caisse de cette académie. Les citoyens membres de cette académie nouvelle seraient nommés par ceux qui auraient obtenu aux expositions de l'industrie des croix et des médailles d'or méritées.

Aux expositions, les encouragements et les croix seraient donnés à l'élection et au choix comme pour tout le reste.

Dans les travaux publics il doit en être de même, dans les cultes de même, dans la marine aussi, pour le jury de peinture et de sculpture de même.

Donc tous les employés inférieurs présenteraient trois candidats ayant l'instruction convenable, et le ministre ou lui et le président du ministère choisirait.

Les académies seront pour les sciences et les arts ce que les conseillers d'Etat sont pour la politique, ce sont les conseils des ministres.

Les curés, les évêques devraient se choisir de cette manière entre eux ; le public a le droit, je pense, de présenter ses candidats pour les places de curés et de vicaires.

L'Etat ne doit plus payer pour les prêtres catholiques ; mais comme de tous les impôts perçus un quart doit appartenir à la commune, un quart au département et la moitié à l'Etat pour que le gouvernement le répartisse suivant les besoins, alors les communes pourront se payer un curé si cela leur convient, lesquels curés pourront nommer entre eux autant d'évêques et d'archevêques que cela leur fera plaisir et les payer.

Les conseillers municipaux, les adjoints, les maires devront être présentés par les habitants et choisis toujours dans trois candidats par le pouvoir exécutif central.

Ces adjoints, ces maires, ces conseillers municipaux présenteront trois candidats ayant l'instruction convenable pour une place de sous-préfet qui viendrait à vaquer, les sous-préfets à leur tour présenteront des candidats reconnus par leur savoir capables d'être préfets et étant déjà sous-préfets, pour que le pouvoir exécutif central choisisse.

De cette manière on contenterait tout le monde, les départements ne pourraient crier à l'oppression et le pouvoir central serait mieux obéi que si les préfets et autres chefs étaient tout à fait élus par le peuple. De cette manière il y aura centralisation sans despotisme, il y aura élection sans anarchie ; il ne pourra pas se former de petites républiques dans la grande République et le pouvoir exécutif ne pourra abuser de sa puissance pour dominer le pouvoir délibérant.

Le pouvoir exécutif ne pourrait cependant pas rejeter ses fautes sur ses employés si les choses ne se font pas bien ; puisqu'il les choisit lui-même dans les plus capables, les plus habiles.

Il faudra qu'il y ait des réglements à suivre pour que l'État ne paie plus des citoyens pour flâner, comme font tant d'employés encore aujourd'hui.

Pour les juges et les avocats payés par l'État, on suivra la même marche que pour l'armée ; il n'y aura pas besoin de sortir de collége pour arriver aux plus hauts grades, on pourra apprendre à mesure que l'on montera.

Pour le jury et les juges, il y a beaucoup à faire pour perfectionner cela. Tous les citoyens doivent être membres du jury ; mais pour que l'on ne fasse pas de triage dans les plus capables, comme il y a beaucoup de citoyens qui aimeraient mieux s'en dispenser et comme il y en aurait beaucoup plus qu'il n'en faudrait : alors toute une catégorie de citoyens depuis l'âge de 25 ans (au lieu de 30) qui seraient appelés pour faire partie du jury nommeront eux-mêmes les membres du jury, qu'ils choisiront entre eux. Ainsi, s'il ne faut que la dixième partie des citoyens électeurs pour avoir un jury convenable, ces électeurs se diviseront en groupes de dix personnes pour nommer un juré dans chaque groupe.

Comme des ouvriers pourront être nommés jurés et n'auraient pas les moyens de vivre, on les paierait pendant ce temps-là.

Les jurés auraient autre chose à faire qu'à juger les individus traduits en cour d'assises, ils présenteraient trois candidats pour les grades inférieurs de la magistrature conjointement avec les employés inférieurs de la justice. Alors la justice serait faite plus impartialement, les grades se gagnant à l'élection et à la nomination. — Il n'y aurait que les membres du jury qui ne seraient pas nommés par le chef du pouvoir exécutif.

Les grades dans le ministère de la justice se gagneraient comme ceux de l'armée, de la marine, etc.

Il faudrait beaucoup perfectionner la justice pour que le pauvre ne perde pas, parce qu'il est pauvre, comme cela a lieu si souvent.

Avec les juridictions où l'on vous fait passer, vous pouvez être sûr de perdre votre procès, si vous êtes pauvre ; car on vous condamne par défaut, si vous n'avez pu payer un avocat : c'est un véritable guet-apens du riche contre le pauvre. Si après avoir saigné complètement votre bourse plus que modeste, vous gagnez en police correctionnelle, l'homme riche avec qui vous êtes en procès vous mène en cour de cassation ; vous êtes ruiné, vous n'avez plus d'argent pour continuer le procès. Vous avez cent fois raison ; mais qu'est-ce que cela fait, vous êtes un grand criminel, puisque les pièces principales vous manquent (les pièces de cent sous). Pour les voleurs, les assassins, il y a encore de la justice ; mais pour l'honnête homme pauvre qui plaide contre un riche, il n'y en a pas. On pourrait dire à cela que les amis se soutiennent, puisque les riches et les voleurs faisaient les lois. Il est temps que cette absurde injustice soit détruite.

Il y a quelque semblant de justice entre les gens qui ont quelque fortune ; mais entre riche et pauvre, c'est aux gueux la besace.

Avec mon système, les ministres ou le président du ministère ne pourraient guère être corrompus par ceux qui désirent des places, et eux aussi ne pourraient guère corrompre les autres en leur donnant des places pour qu'ils pensent comme eux en politique, ou pour s'en faire un parti puissant.

Le président du ministère ni ses ministres ne pourront choisir des parents ou des amis incapables, et cependant ils ne pourraient se plaindre de leurs employés, puisqu'ils les auraient choisis eux-mêmes dans ceuxque les petites nations administratives leur auront présentés comme les plus capables de ceux qui ont assez d'instruction pour remplir cette place.

Le président du ministère sera le chef du pouvoir exécutif; il pourra délibérer avec les ministres, mais ces derniers seront tenus de lui obéir, s'il y a dissidence.

Le pouvoir délibérant et votant sans contrôle, le représentant du pouvoir souverain en un mot sera l'Assemblée nationale; elle sera alors au-dessus du ministère et de son chef.

On pourrait, et même je pense que l'on devrait mettre davantage de ministres. Ainsi, un ministre de la police, un ministre de l'agriculture, un du commerce, un autre de l'industrie ne seraient pas trop si on veut bien s'occuper de ces choses; mais ces changements sont peu essentiels pour le moment.

Préoccupé depuis longtemps de la cause de la chute de la République, j'ai pensé que les causes principales étaient celles-ci :

1° Les calomnies qu'on s'envoyait si facilement l'un contre l'autre. Il faut la liberté, mais pas l'anarchie. Si on laissait la liberté de voler, ce serait l'anarchie; si on laisse la liberté de la presse et de la tribune sans défendre la calomnie, c'est encore de l'anarchie.

2° Fatiguée de guerre civile, la France a généralement mieux aimé abandonner ses principes pour avoir la paix et l'union.

3° Le pouvoir exécutif était divisé en plusieurs mains.

4° Le privilége exorbitant laissé au pouvoir exécutif de donner toutes les places a achevé la liberté.

1° D'abord la calomnie a été une des causes de la guerre civile. — La France était bien unie quand il fallait combattre l'étranger ; mais l'indigne calomnie se glissant dans nos rangs faisait disputer nos ancêtres, puis les faisait s'entre-égorger. La calomnie est pire que le vol; la perte de l'honneur n'est-elle pas cent fois plus grande que celle de quelques pièces de cent sous ? Et cependant un voleur qui vous prendra quelqu'argent, s'il l'a pris d'une certaine manière, peut aller cinq ans, dix ans même aux galères ou dans une cellule, isolé de tous; et un individu qui cherche à détruire votre réputation, qui emploie pour cela les moyens les plus infâmes, les plus vils, il en est quitte pour vous rire au nez quand vous le menacerez. Car il y aura encore des lois pour protéger ces êtres immondes qui se plaisent à salir tout ceux qu'ils peuvent de leur bave dégoûtante.

C'est faute d'avoir eu l'idée de détruire cette lèpre sociale que tant de braves républicains se sont détruits mutuellement en croyant à des mensonges.

Il faut la liberté de la presse; il ne faut jamais l'empêcher d'instruire le peuple, d'éclairer le monde; il ne faut jamais mettre des entraves à la vérité et à l'opinion, quand même un sot écrivain attaquerait nos droits naturels. Mais si la presse sert à tromper le peuple; si elle sert à le jeter dans l'anarchie; si enfin la presse emploie l'arme du lâche, l'arme de la calomnie, en un mot, il faut être impitoyable pour ces menteurs pires que des assassins en ce qu'ils provoquent la guerre civile et la ruine de la République. Seraient-ils nos meilleurs amis politiques, il faudrait les renier, pour que notre opinion n'en soit pas obscurcie et que nos ennemis ne profitent pas de cette tolérance pour faire cent fois pis.

Il faut punir de même tous ceux qui feront courir des faux bruits dans le but d'exciter à la discorde. Ils sont bien faciles à reconnaître ceux-là; ils savent toujours tout de première main, ils connaissent toujours quelqu'un qui a vu ou qui a fait partie...

La République ne doit pas empêcher la médisance, c'est le sel de la vie, c'est la connaissance des hommes et des choses; mais la République a vaincu ses ennemis avec des armes loyales, ses ennemis sont trop lâches pour employer les mêmes armes; car ce sont tous des égoïstes et des hommes d'argent. La République veut vivre et elle ne souffrira plus que l'on frappe par derrière ses meilleurs enfants.

2° La France, fatiguée de guerres civiles, a voulu se reposer. — C'est pour cela que l'on voudrait fatiguer la France de guerres civiles, pour dire : « Vous voyez bien que la République est impossible; nous avons bien voulu en faire l'essai, mais maintenant nous en avons assez »; c'est-à-dire que voyant leurs ennemis divisés, affaiblis par la discorde qu'eux-mêmes auraient fait naître, si on les laisse faire, ils en profiteraient pour nous opprimer de nouveau.

3° Le pouvoir exécutif ne doit pas être entre les mains du pouvoir délibérant. — Sans cela on l'emploie pour vaincre ses adversaires, alors au lieu de se servir de la parole pour convaincre son antagoniste si on a pu arracher un lambeau du pouvoir exécutif plus grand que son adversaire, on emploie le glaive pour trancher les questions, et alors c'est la terreur, la guerre civile, le désaccord partout; c'est à qui s'arrachera le pouvoir exécutif des mains; puis, il n'y a plus d'unité; on ne sait plus à qui obéir; on est près de la dissolution, si une main vigoureuse ne sait pas saisir le moment et s'emparer des rênes de l'État.

4° Le privilége exagéré du pouvoir exécutif de donner toutes les places. — Il y a un grand danger de désaccord, de guerres intestines quand le pouvoir délibérant s'empare du pouvoir exécutif; mais il y a un autre danger opposé quand le pouvoir exécutif s'empare du pouvoir délibérant ou l'annule, comme sous l'ex-roi, par des moyens de toute espèce.

Si le pouvoir exécutif n'avait pas eu le droit de donner toutes les places, les membres de la Convention n'auraient pas été soutenus pour se combattre tour à tour, et puis Napoléon n'aurait pas aussi facilement usurpé le pouvoir du Peuple; Louis XVIII, les ministres de Charles X, et Louis-Philippe n'auraient pas gouverné comme ils l'ont fait; car ils n'auraient pu avoir la majorité à la chambre sans la corruption pour les places.

Il y a sans doute d'autres causes de la chute de l'ancienne République, mais elles ne sont que secondaires.

Pour qu'il y ait plus d'accord entre le peuple et l'armée, pour que les soldats soient plus citoyens et les citoyens plus exercés aux armes et alors capables de repousser l'invasion, il faut que dans toute la France ce soit comme à Paris, que tous les citoyens soient gardes nationaux et armés : il y aura beaucoup plus d'union.

Il faut aussi abolir le tirage au sort, puisque celui qui tombe trouve le sort injuste. Pour servir sept ans, il faut être solidement établi, ou perd son état; on devient militaire, mais on perd quelque chose du citoyen pour acquérir cette obéissance passive que donne l'habitude. On n'est pas heureux quand on est d'un caractère aimant, si on est attaché à sa famille ou à une jeune et douce maîtresse.

Si au lieu de sept ans de service en temps de paix on exigeait dix-huit mois seulement, et que tous les citoyens âgés de 20 ans partent comme soldats, excepté ceux par trop difformes ou faibles, chacun s'habituerait au métier des armes, on ne désapprendrait pas sa profession, on ne prendrait pas des habitudes d'indolence en temps de paix, on ne serait pas malheureux, et en temps de guerre tous les citoyens seraient capables de combattre. Mais, comme j'ai proposé que l'on reçoive presque tous les citoyens pour l'armée, les faibles de corps n'iraient pas en Afrique ni à la guerre; il n'irait là que ceux capables de supporter les fatigues et les privations forcées.

Par ce court temps de service, les hommes ne perdront pas de temps à ne rien faire; pendant le temps qu'ils resteraient sous le drapeau, ils s'instruiraient au métier des armes.

Peut-être même que l'on aurait assez de soldats en ne faisant faire à tous qu'un an de service.

Ceux qui s'engageraient plus tôt, leur année de service serait toujours à faire; ceux qui voudraient rester plus d'un an en auraient complètement le droit.

Je crois que ce système est le meilleur pour pouvoir défendre la France, si on venait à l'attaquer; et cela résoudrait le problème du remplacement, car il deviendrait tout à fait inutile. Il y aurait une foule de difficultés tranchées de suite par ce moyen si simple.

On n'aurait pas besoin d'une armée si forte sur pied quand tous les citoyens auraient appris pendant au moins un an le service militaire, en cas de guerre générale on n'aurait pas besoin d'envoyer de nouvelles recrues, dont la plupart ne savent pas manier les armes et ne sont bonnes qu'à se faire tuer.

Riche comme pauvre serait capable de servir son pays, et personne ne pourrait refuser à son pays de le défendre.

L'impôt du sang ne pèserait plus exclusivement sur le pauvre.

Il faut aussitôt que l'on pourra, organiser l'instruction publique de manière à faire sortir le peuple de l'ignorance dans laquelle les pouvoirs ont pris plaisir à le plonger pour mieux le tromper.

Si on ne tient pas compte de mes idées sur les maux que peut causer la calomnie, si on ne l'arrête pas bientôt, je prévois qu'après les injures viendront les coups, que la France sera séparée en deux camps ennemis : les riches et les pauvres; qu'ils ne voudront se faire aucune concession, se regardant tous deux comme des voleurs et des fainéants, excités par des écrivains payés par les ennemis de la République, qui pourront prendre telle ou telle couleur, mais qui seront toujours contre-révolutionnaires, puisqu'ils cherchent à mettre la discorde; ceux qui voudront empêcher le conflit pourront être écrasés entre les deux camps qui alors ne trouvant plus d'obstacles s'entr'égorgeraient.

Les riches égoïstes pourront encore tromper le peuple sur ses véritables intérêts et calomnier ceux qui veulent le progrès, puisqu'ils n'ont rien à faire, ils ont tout le temps de s'occuper à cela, mais malgré tout ce qu'ils feront, cela ne vous servira pas, car le peuple s'instruira malgré eux, et la misère, la faim que leur système engendre petit à petit, les forcera tôt ou tard de céder à la justice. Ne vaut-il pas mieux chercher à se concilier l'esprit du peuple au lieu d'en aigrir une partie en calomniant les Républicains ses meilleurs défenseurs, cela ne peut servir qu'à la guerre civile dont ils auront à se plaindre le plus s'ils possèdent quelque chose en France.

Tout est prétexte de troubles pour les soi-disant modérés, ce sont eux qui déchirent les affiches des Républicains qui ont donné les meilleures preuves de leur amour des droits du peuple, Barbès et Blanqui, c'est comme cela qu'ils entendent la liberté de la presse, et cependant le peuple lui donne tous les jours des leçons de modération quand il est atteint par les calomnies du journal *l'Assemblée nationale* et de tous les anciens journaux dynastique et légitimiste.

Beaucoup de gens n'ayant rien à faire que de flâner, disent que l'on nourrit à rien faire ces paresseux d'ouvriers, ils devraient plutôt dire qu'en général l'ouvrier est mécontent de n'avoir rien à faire, il aimerait mieux travailler et gagner davantage ; au lieu de chercher les moyens de remédier au manque de travail ils aiment bien mieux attaquer à tort et à travers Ledru-Rollin, Louis Blanc, Flocon, etc., c'est-à-dire ceux qui veulent le plus sincèrement le bien du peuple, qui voudraient que l'ordre soit rétabli pour que le peuple soit plus heureux; mais qui ne voudraient pas que pour ramener la confiance de l'aristocratie régentiste et légitimiste que ces derniers puissent encore opprimer la nation.

Messieurs les modérés qui prêchent l'union, ne la pratiquent guère, ils ont voulu exclure de la chambre les meilleurs républicains, ils ont fait courir des bruits calomnieux sur leurs comptes, ces bruits facilement répandus par l'oisiveté de l'aristocratie ont été tous démentis, mais trop tard ; ces bruits et même ces écrits (car on a été jusqu'à imprimer les plus infâmes calomnies), sont tombés maintenant, ils ont été inventés pour les élections, et si on laisse faire on en inventera de nouveau pour les élections prochaines.

Les modérés ont été aussi injustes (il est vrai qu'on ne peut demander de justice à un parti qui emploie les moyens les plus odieux pour
réussir); ils disent que c'est de la faute à Louis Blanc si le commerce
n'a pas repris de suite, ils savent pourtant bien qu'avec la révolution
de 1830 le commerce a été long à reprendre vigueur, et à cette épo-
que-là l'ouvrier n'avait pas de gratification pour soutenir son existence,
ils ont l'air de plaindre l'ouvrier, c'est leur bourse qu'ils plaignent; ne
croyez pas leurs hypocrites paroles, n'avez-vos pas assez de preuves
que la plupart sont d'impudents menteurs, ils mentent quand ils se
donnent le titre de modérés, ils devraient adjoindre au nom qu'ils
ont choisi le titre d'enragé, car ce ne peuvent être que des enragés-
modérés qui ont inventé les révélations de Blanqui, qui ont inventé
la conspiration des communistes et de Blanqui contre le gouvernement
provisoire et qui ont mis du complot Ledru-Rollin, Raspail, Louis-
Blanc, Barbès, enfin tous les républicains dont le nom est un peu in-
fluent. Je pense que l'Assemblée nationale devrait (si elle représente
bien le peuple), tâcher de connaître les auteurs de ces faux bruits qui
ont arrêté le commerce, qui ont fait mettre en mouvement des cen-
taines de mille de gardes nationaux pour se moquer d'eux, on doit
avoir plus de souci de l'intelligence du peuple et ne pas le faire aller à
sa fantaisie, car il s'en apperçoit bientôt et alors la force du pouvoir
s'en trouve bien diminuée. Mais les enragés-modérés se souciaient bien
de cela, il fallait quelques jours avant les élections, éliminer les républicains, ils n'ont pas complétement réussi, mais enfin il y a eu encore
beaucoup d'influence par suite de cette panique. (Voyez à la fin de la
brochure).

Quand donc le peuple aura assez pour pouvoir attendre l'ouvrage,
et n'aura pas besoin d'escompter à si gros intérê)pour avoir le néces-
saire; ce gros intérêt est: travailler presque pour rien et souvent même
la privation des libertés politiques si précieuses, puisqu'avec les droits
politiques on peut obtenir tout le reste.

L'alarmiste réactionnaire, boursier, aristocrate, égoïste, cumulard,
corrompu, profite de ce que l'ouvrier est sans ouvrage pour chercher
à lui ravir sa liberté; aussitôt que la liberté semble se voiler, messieurs les *satisfaits* de l'ancien régime commencent à être moins mé-
contents, la confiance renaît; le peuple voit-il le piége que l'on tend à
sa liberté, aussitôt la confiance disparaît, à quoi tout cela servira-t-il ?
Le peuple a conquis sa liberté, il ne se la laissera plus arracher; cela
ne servira qu'à ruiner petit à petit ceux qui ne veulent pas céder et

peut-être à produire une guerre civile surtout funeste pour les riches, car les citoyens ayant besoin voyant la mauvaise volonté des riches réclameront des impôts plus fort sur ces derniers, pour pouvoir vivre, alors plus l'aristocratie mettrait de mauvaise volonté, plus cela lui serait nuisible.

Le riche a d'autant plus de moyens de devenir plus riche qu'il l'est davantage, c'est pourquoi l'impôt progressif est excessivement juste, et d'ailleurs il faut autant que possible égaliser les richesses sans cependant pour cela empêcher l'émulation.

Pour que l'émulation s'annule moins, ce serait surtout sur l'héritage que je prélèverai des fonds, et d'autant plus que la somme de chaque héritier serait plus élevée, et d'autant plus que la parenté est plus éloignée du défunt.

De cette manière il y aurait bien moins d'impôts à payer, l'ouvrier pour être heureux n'ayant plus besoin d'un salaire beaucoup plus élevé que maintenant, si les impôts sur sa consommation et autre sont bien moindres, alors il pourra facilement faire concurrence à l'étranger pour les produits où il y a beaucoup de main-d'œuvre.

Il faut autant que l'on peut donner un salaire élevé à l'ouvrier pour qu'il soit heureux, il est vrai qu'il paiera tout un peu plus cher si tous les ouvriers gagnent plus, mais comme bien des gens consomment sans produire, par le résultat de spéculation, de chance de vol ou d'héritage, ce sera sur cette classe de consommateurs que l'ouvrier fera un bénéfice plus grand et si on m'objecte que ces derniers consommerons moint, alors l'ouvrier en travaillant moins gagnera encore autant en prenant la chose du plus mauvais côté.

Il ne faut pas que les heures du travail de l'ouvrier soient trop élevées pour que l'ouvrier ait le temps de s'instruire et pour qu'il y ait davantage d'ouvriers employés, ce qui est utile quand il y a trop de bras dans les grandes villes.

En parlant du salaire de l'ouvrier je parle aussi de salaire de l'ouvrier de l'agriculture, mais je reviendrai sur ce sujet dans une autre brochure spéciale, je ferai voir l'influence de cette question sur le prix de la terre, des grains et sur l'agglomération des ouvriers dans les grandes villes et le prix des loyers dans les villes.

J'admets l'association des douanes qui est l'extension de la liberté commerciale, c'est même un grand bienfait qui prépare à la conquête des idées; ainsi : il faudrait tâcher d'associer les douanes Françaises,

Allemandes, Polonaises, Italiennes, Suisses et Belges, ces peuples unis par le lien commercial se rapprocheront, se connaîtront mieux, s'estimeront davantage, mais la liberté commerciale sans réciprocité, ce serait une grossière duperie de notre part si nous avons la sottise de la donner. Et encore si on ouvre les barrières il ne faut pas que cela se fasse si brusquement que tous les ouvriers soient déplacés, il faut que cela se fasse petit à petit et cependant assez vite pour que l'on profite le plus promptement possible des bienfaits de la liberté commerciale entre voisins.

Le peuple a encore un peu besoin de ces républicains hardis, mais justes qui se révolteraient s'il le faut, contre l'Assemblée nationale elle-même, si elle méconnaissait les véritables intérêts de tous; car, s'il en était ainsi, elle ne serait pas l'expression de la volonté libre des citoyens. Le peuple a aussi son éducation à faire, je suis d'accord avec ceux qui disaient que le peuple n'était pas tout à fait assez instruit pour avoir le suffrage universel, mais je suis et j'ai toujours été complétement en désaccord avec ceux qui donnaient cette raison pour soustraire au peuple son droit; ne vaut-il pas mieux qu'il ne soit pas exercé pour le mieux que d'être entre les mains de quelques privilégiés qui en abusent pour abrutir le peuple et le rendre plus longtemps incapable de pouvoir l'exercer et cela dans un but d'exploitation indigne.

J'ai dit tant pis pour le peuple s'il se vend quand il a le suffrage universel, il s'enrichira avec son droit. Je dis maintenant qu'il ne faut pas qu'il se vende, nous devons être les sentinelles avancées de la démocratie; si la majorité du peuple se trompe nous devons l'éclairer sur son danger, et même faire nos efforts pour l'empêcher d'y tomber; il y a tant de monde encore qui ne comprennent pas l'importance de leur droit et qui donnent si facilement leur voix à des hommes qui ont soutenu le système infâme de chacun chez soi, chacun pour soi; les doctrines de l'égoïsme et de la corruption en un mot, parce qu'ils ont été attaqués eux-mêmes peut-être par ce ver rongeur de la la société.

La majorité n'a pas toujours raison, mais comme après tout on ne peut s'en rapporter qu'à la majorité pour l'intérêt général; on ne peut employer que ce moyen, si la majorité se trompe elle changera bientôt.

Il ne faut jamais employer la violence pour chercher à ramener la majorité dans le bon chemin, si elle a tort; par ce moyen elle y reviendrait bien moins vite, au lieu que si la minorité a raison et qu'elle fasse entendre ses principes, juste mais pacifiquement, comme la rai-son finit par triompher, surtout quand l'intérêt de la majorité s'y joint; tôt ou tard la minorité raisonnable gagnera la majorité par la persuasion, d'autant plus que la majorité voyant où l'entraînent ceux qu'elle a eu tort de choisir verra bien que ce ne sont pas des gens pour son intérêt.

L'abolition de la noblesse héréditaire (qui a tant fait crier M. Emile de Girardin, c'est-à-dire le citoyen Emile Girardin, tout en disant que cette mesure ne servait à rien) est une mesure qui a eu tout à fait mon assentiment, car n'est-il pas fort ridicule qu'un noble souvent sans courage, sans aucune qualité, se pavane des qualités d'un de ses aïeux et se croit plus que d'autres pour cela ? Mais je crois que ce serait un tort, qu'il n'y aurait plus d'émulation possible si on ne remplaçait pas la noblesse par un titre non héréditaire pour ceux qui auront mérité de la patrie.

Je veux une République démocratique, mais grande et noble ; je veux que tout le monde puisse devenir noble et riche ; je veux moins abaisser l'aristocratie que d'élever le peuple à son niveau. L'ancienne République a bien fait d'abaisser la noblesse, elle a fait l'ouvrage le plus difficile et le plus méritoire, elle nous a laissé, cette bonne mère, le plus facile et le plus glorieux. Je suis partisan de l'égalité, mais de l'égalité autant que possible en naissant, c'est-à-dire de l'égalité de for-tune et de conditions pour tous les enfants qui viennent au monde, mais pour que la société ait de la vie, de l'animation, il faut de l'ému-lation qui excite chacun à bien faire, il faut la gloire, les honneurs, les richesses à ceux qui savent les conquérir légalement et loyalement, non plus comme sous l'ancienne société où les uns pouvaient avoir tout et les autres rien, parce que des conditions différentes de nais-sance ou le hasard les faisaient se placer différemment.

Je compléterai davantage plus tard mon plan d'organisation politi-que et social; je compléterai aussi quelques idées que j'ai pour le pro-grès général, mais je me dépêche de dérouler ces idées aux yeux de la nation pour que l'on adopte le plus tôt possible un bon gouverne-ment, pour ne pas faire les fautes de nos pères qui ne se sont occupés de l'organisation du gouvernement qu'après que tous les partis s'é-taient entredéchirés et que la France était lasse de la guerre civile et ne savait plus dans quels bras se jeter pour être sûre d'avoir du re-pos; voilà pourquoi on s'est abandonné au plus fort, au victorieux, mais, ambitieux Bonaparte; ce sont surtout les solliciteurs de places qui ont fait triompher la cause de Napoléon qui a été porté aux nues par des gens intéressés à cela.

Il fallait surtout un bon système politique, pour pouvoir faire la réforme sociale; c'est avec la force et le droit que l'on peut modifier la société, la forme politique doit donc précéder la forme sociale, cette dernière se perfectionnera naturellement par suite de l'exercice des droits politiques.

Ces observations sont le fruit de longues études, je me proposai de les publier en roman sous le règne de l'ex-roi, pour pouvoir les faire paraître sans contrevenir aux abominables lois contre la liberté de la presse, mais heureusement sa chute imprévue ne m'en a pas laissé le temps.

Dans mon système, l'armée, comme je l'ai dit, exerce son droit d'élection, l'armée sera bien moins attachée à son général en chef qu'en la France, les grades ne venant pas de lui seulement, puisque l'élection est la base principale.

L'Assemblée nationale qui représente ou qui est censé représenter la France doit avoir une garde défensive à son service, pour qu'aucun parti ne puisse venir exercer une pression sur elle.

Les partis régentistes et légitimistes se coalisent et relèvent la tête, ils pourraient bien exciter les gens qu'ils trompent à empêcher l'Assemblée nationale de délibérer, soit en prenant le masque de républicains enragés-modérés, soit en prenant le masque des républicains exaltés et communistes, cela ferait bien leur affaire car si l'Assemblée nationale ne peut délibérer, si la guerre civile continue, ce sera le bon moyen de dégoûter tout le monde de la liberté et alors de se substituer au pouvoir du peuple et de se mettre à la tête du gouvernement.

Il faut respecter l'Assemblée nationale; si vous ne la respectez pas, il n'y aura pas de pouvoir possible en France.

L'Assemblée nationale ne peut être réactionnaire, c'est impossible; les légitimistes et les régentistes seraient-ils en majorité qu'ils n'oseraient rien entreprendre contre le peuple. Leurs œuvres ne pourraient être durable, d'ailleurs, s'ils l'entreprenaient, puisque le peuple se voyant trompé les remplacerait.

Ayez donc confiance en l'Assemblée nationale, ô grands écrivains populaires, ô penseurs amis du peuple. Quand même tous vos vœux ne seraient pas exaucés de suite, ce n'est pas une raison de déses-

pérer; on ne peut refondre la France comme on fait une révolution;
si la République n'est pas bien comprise encore partout, le retour à
la royauté est néanmoins impossible, s'il n'y a pas de guerre civile
entre nous. C'est peut-être un bien pour un mal que l'Assemblée nationale ne soit pas tout à fait selon le désir des hommes qui veulent le
règne de la démocratie; car les réformes se feront un peu plus graduellement, sans trop bouleverser de suite, sans trop effrayer les
riches, et alors le peuple sera graduellement plus heureux, sans avoir
à souffrir de la mauvaise humeur, de la haine ou du mauvais vouloir
des aristocrates.

Il y a un proverbe qui dit : Que quiconque veut trop avoir n'a rien.
Suivez le sage conseil de ce proverbe : vous avez la liberté; vous
avez les grands principes qui doivent vous rendre heureux par la suite.
La chose principale, c'est de ne pas se laisser arracher le droit d'élire
ses représentants, tout le reste est peu de chose; car, opprimés par
une Assemblée soi-disant nationale, l'Assemblée nationale suivante
agira d'autant plus en sens inverse que vous aurez été opprimé davantage.

Tout est dans le droit politique de voter; avec cela vous obtiendrez
tôt ou tard, sans violence, toutes les réformes politiques et sociales
possibles; réfléchissez que les pauvres sont plus nombreux que les
riches, alors l'élection sera toujours favorable aux pauvres, pourvu
que ces derniers aient le moindre bon sens et que les élections ne
soient pas faussées.

La République n'avait pas la majorité de la nation avant la révolution; mais c'était le parti le plus puissant par le nombre de ses partisans, c'est pourquoi c'est le seul possible surtout maintenant qu'il
paraît avoir l'assentiment de tous.

Comme il y a beaucoup de gens qui n'ont pas de partis, qui accep-
tent ceux qui les rendent heureux; il faut nous efforcer de rendre
heureux ces gens sans opinion pour avoir une forte majorité.

S'il y a des républicains du lendemain qui n'étaient pas républicains
plus tôt parce qu'ils n'avaient aucune idée ou parce qu'ils étaient ennemis du droit de tous, il y en a d'autres qui n'étaient pas républicains
parce que la royauté les avait élevés autant que possible dans l'ignorance, parce que gagnant peu ils n'avaient que le temps de s'occuper
de leurs travaux; c'est pourquoi il ne faut pas mépriser tous les républicains du lendemain : il y en a beaucoup dans le peuple. Je ne dis

pas cela pour moi; il y en a qui croiraient que c'est pour gagner ma cause! Non, je suis républicain de la veille, parce que j'ai eu le temps d'étudier les systèmes politiques. Je me résume en disant qu'il y a bien des gens fatigués du système philippiste qui se sont battus aux barricades sans avoir de parti, quoique la majorité des combattants était bien pour la République. Il ne faut donc pas ranger les républicains en ceux de la veille et ceux du lendemain, c'est impolitique ; il faut l'union, la fraternité autant que faire se peut.

La République a été un parti tant qu'elle ne régnait pas, maintenant elle ne peut plus être un parti.

La République, c'est l'expression de la volonté de tous ; si l'expression de cette volonté ne donnait pas la meilleure solution possible de toute organisation politique et sociale, ce serait à désespérer de la logique et de voir s'établir le règne de la liberté, de l'égalité et de la fraternité, on pourrait désespérer de tout, enfin, surtout si on prend ses précautions pour que les discussions ne dégénèrent pas en disputes et en coups d'État, si on les a prises aussi pour que la liberté de l'association ne soit pas celle de former des nations dans la République ; si la liberté de la presse ne dégénère pas en liberté de calomnier et de tromper tout le monde; si la liberté d'acquérir de la propriété ne dégénère pas en vols et accaparements; si la liberté de l'enseignement ne dégénère pas en accaparement de l'instruction; si la liberté du commerce n'est plus celle de ruiner son voisin et de faire mourir de faim celui qui travaille; si enfin toutes les libertés sont maintenues, mais sans dégénérer en excès pour la liberté d'autrui.

Pour faire une constitution républicaine digne de ce nom, il faut connaître les causes de la ruine des républiques et même nos monarchies, sans cela on ressemblerait au charlatan empirique qui essaie ses drogues ou ses régimes à un nombre infini de malades avant d'en guérir un seul, et souvent même il en fait mourir plusieurs. Une constitution est aussi facile à inventer qu'un remède ou un régime, mais c'est le tout de bien choisir pour ne pas faire d'expérience nuisible. Il faut en tout connaître la cause du mal pour pouvoir y remédier. Malheureusement nous avons beaucoup plus encore de charlatans politiques comparativement que de charlatans médecins; ces derniers ne tuent qu'un être humain quand ils se trompent, tandis que les autres en font détruire des milliers. C'est pourquoi il faut bien réfléchir et ne pas croire que la première constitution venue soit bonne.

Ce n'est pas tout de dire : Je mets un président ou trois consuls, il faut donner les raisons pour lesquelles on propose telle ou telle forme de gouvernement.

Je ne pense pas comme certains hommes qui sont grands parce qu'ils sont morts, et comme tant d'autres qui se croient grands aussi parce qu'ils les ont copiés ; je crois qu'une bonne constitution politique républicaine est bonne pour tous les pays, qu'ils soient plus ou moins avancés en civilisation ; c'est mon opinion : je la développerai un jour.

Paris, ce 8 mai 1848.

C'est parce qu'ils ont compris cela qu'ils se sont révoltés contre l'Assemblée nationale, les républicains démocrates qui viennent de conspirer. J'ai blâmé dans ma brochure ceux qui attenteraient à la souveraineté nationale ; je pense toujours de même ; et quoique cette Chambre des représentants n'a guère mon assentiment par la raison qu'elle s'occupe bien plus d'elle que du peuple, qui est sensé l'avoir envoyée, par la raison aussi qu'elle ne paraît pas comprendre qu'elle n'est pas un autre pouvoir que le peuple, et qu'elle ne se presse guère d'agir dans l'intérêt des prolétaires et des peuples martyrs ; néanmoins je trouve mal que quelques-uns aient voulu substituer leur autorité à l'Assemblée dite nationale, et que par excès de zèle et de précipitation ils aient compromis la cause des peuples. Je n'en dirai pas plus à ce sujet ; ce serait peu généreux d'être ami de principe avec les vaincus la veille, de devenir leur ennemi le lendemain.

Nous, républicains démocrates, qu'aurions-nous dit si les légitimistes ou les régentistes en avaient voulu faire autant que quelques-uns des nôtres ? D'ailleurs, en se substituant à l'Assemblée nationale avant qu'elle ait eu réellement le temps d'agir, nos ennemis, et même vos amis en principes ont pu vous supposer des intentions de dictature qui ne sauraient plaire à personne. Ce que vous avez fait nous rejette bien en arrière, et nuit beaucoup au succès pacifique de la démocratie, qui est cependant facile quand on a conquis par les armes les principaux droits politiques. Au lieu que maintenant la rage-modération empêche de causer dans les rues ; elle fait fermer les clubs ; elle déchire les journaux des crieurs, quand ces journaux ne sont pas de leur opinion ; elle maltraite et arrête tous les républicains de la veille ; elle arrache les épaulettes, la croix, et brise l'épée de son brave général, qui n'est coupable que de faiblesse, et elle veut faire fusiller de suite, sans forme de procès, ceux qu'elle arrête. Je suspecte l'Assemblée nationale de ne pas bien représenter la nation, parce qu'il y a encore à cette Chambre beaucoup de fonctionnaires et de partisans de la régence et d'Henri V qui y sont arrivés, tandis que les rois sont détestés par toute la France. Ces fonctionnaires, ces amis des pouvoirs déchus n'ont donc pu y arriver que par fourberie, ruses et mensonges, comme avait fait le citoyen Schmit. Si ce ne sont pas de faux ouvriers, ce sont de faux républicains, surtout de faux républicains démocrates.

C'est surtout parce que le vote par scrutin de listes a été la manière d'opérer pour former la Chambre qu'il y a eu tant de quiproquos, tant de causes de fraudes. Le gouvernement provisoire avait donc adopté uue mesure mauvaise, et il aurait dû au moins de par le droit du peuple vainqueur, éliminer du droit d'être représentants du peuple les complices du système Philippiste, c'est-à-dire le système de vol, de fraudes, de division et de corruption. Vous pensez bien que le peuple n'ira pas élire des voleurs à la Chambre ; vous pensez qu'il a assez de bon sens pour cela, et cependant vous dites qu'un voleur ne peut être admis à représenter le peuple, parce que vous craignez que le peuple soit trompé, ce qui est facile, surtout quand chacun a tant de représentants à nommer. Pourquoi donc des hommes habiles, éloquents, tartuffes politiques, sachant prendre tous les visages, ne seraient-ils pas éliminés, de crainte que le peuple soit trompé sur leur compte, surtout quand ils ont nui à la cause du peuple, à l'intérêt de tous, et ont servi à l'exploiter et le priver de ses droits politiques ?

Ce 19 mai 1848.

DELAURIER.